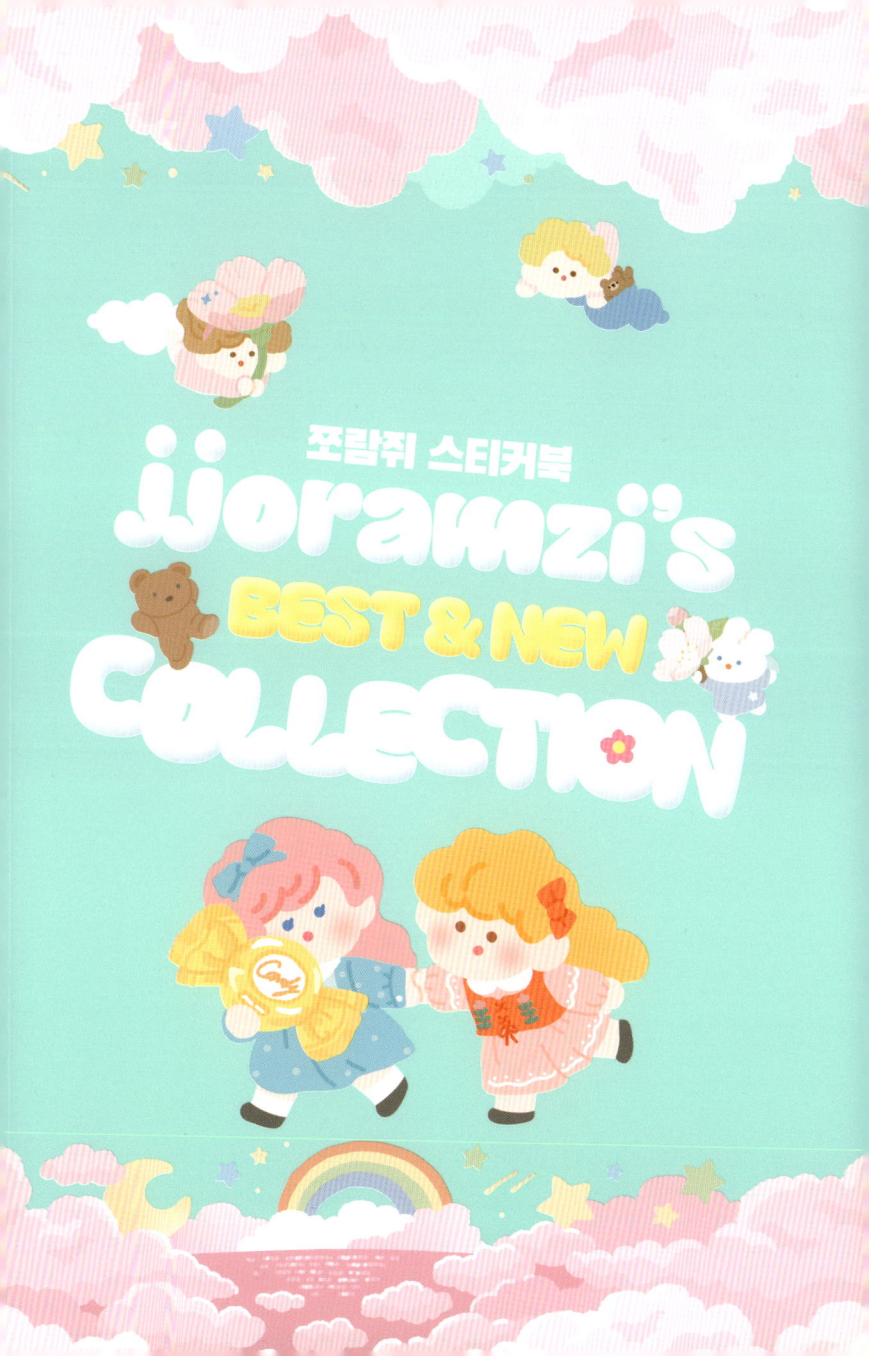

쪼람쥐 스티커북

FAIRY STORY

FAIRY STORY

발행일 초판 1쇄 2023년 6월 1일

지은이 쪼람쥐

발행인 박장희
부문대표 정철근
제작총괄 이정아
편집장 조한별
책임편집 장여진
마케팅 김주희 김미소 한륜아 이나현

디자인 타입타이포

발행처 중앙일보에스(주)
주소 (03909) 서울시 마포구 상암산로 48-6
등록 2008년 1월 25일 제2014-000178호
문의 jbooks@joongang.co.kr
홈페이지 jbooks.joins.com
네이버 포스트 post.naver.com/joongangbooks
인스타그램 @j__books

ⓒ 쪼람쥐, 2023
ISBN 978-89-278-7983-1 (13650)

· 이 책은 저작권법에 따라 보호받는 저작물이므로 무단 전재와 무단 복제를 금하며 책 내용의
  전부 또는 일부를 이용하려면 반드시 저작권자와 중앙일보에스㈜의 서면 동의를 받아야 합니다.
· 책값은 뒤표지에 있습니다.
· 잘못된 책은 구입처에서 바꿔 드립니다.

중앙북스는 중앙일보에스㈜의 단행본 출판 브랜드입니다.

PART 1
홍차 요정

✿ jjoramzi ✿

홍차 요정이 된 엘과 친구들!
꽃이 가득한 정원에서 홍차를 마시며
여유로운 티타임을 즐겨요.
맛있는 티푸드도 함께랍니다.

초록빛 찻잔과

노란 개나리가 어우러져

봄날의 싱그러움이 한껏 느껴지는 아침!

엘이 찻잔에 홍차를 우리고 있어요.

앗, 새가 날아오더니

티백의 라벨을 물고 갔어요!

푸른 등나무꽃 아래에서
리사와 인형 친구들이 홍차를 바라보고 있어요.
푸른빛 찻잔과 홍차의 붉은 수색이
평온하게 반짝이는 오후예요.

아이구! 홍차를 쏟았어요!
벚꽃이 활짝 핀 따뜻한 어느 날,
하얀 에이프런을 입은 루시가 홍차를 마시려다
그만 찻잔을 엎어버렸어요.
분홍빛 찻잔과 벚꽃, 하늘색의 꽃이 잘 어울리는
사랑스러운 봄날이에요.

푸른 찻잔 속 홍차 위로

초승달이 예쁘게 비치는

감성 가득한 밤이에요.

사람들 몰래 테이블 위에서 놀던

엘과 루시 요정들.

갑작스러운 소리에 놀라서

후다닥 도망가요!

꽃의 요정들이 한곳에 모였어요!

사랑스러운 벚꽃 요정과

싱그러운 개나리 요정,

밤의 등나무꽃 요정들이에요!

귀여운 엑스트라 요정들을

앞 페이지의 엘 친구들과 함께 배치해서

예쁘게 꾸며보세요!

커피 앤 도넛!
'크리스피 쪼' 도넛과
함께하는 간식 시간이에요.
루시는 커피에 우유를 섞어 마시네요.
엘은 글레이즈 도넛을 먹으며
달콤한 시간을 보내고 있어요.

도넛이 유명한 디저트 가게에 왔어요!
딸기 크림과 스프링클이 올라간 딸기 도넛,
초콜렛과 아몬드 토핑이 올라간 초코 도넛,
글레이즈 도넛을 주문했어요.
앞 페이지의 도넛 요정들과 함께 꾸며보세요!

전통차를 즐기는 엘과

국화가 꽂힌 꽃병에 기대 앉아

약과를 먹고 있는 리사예요.

한과 강정과 약밥이 가지런히 놓여 있어요.

소나무 가지가 동양적인 무드를

한껏 살려주네요.

전통놀이 엑스트라 친구들은
전통차 테마와 잘 어울려요!
윷놀이와 연 날리기도 하면서
즐거운 시간을 보내요.

몽글몽글한 구름, 밝게 뜬 해, 살랑이는 바람…
홍차 요정들은 어떤 날씨와도 잘 어울려요!
앞 페이지의 스티커들과 함께 연출해보세요.

PART 2
달콤 스위츠

생크림이 올라간 귀여운 머핀과

딸기가 올라간 먹음직스러운 케이크.

달콤한 색과 다양한 모양의 스위츠를 소개할게요!

초코 요정 리사 등장!

컵케이크와 쿠키, 팬케이크를 준비했어요.

헤이즐넛이 콕콕 박힌 판 초콜릿도

함께랍니다.

딸기 요정 엘이 왔어요!
상큼한 딸기와
생크림의 조합은 언제나 옳아요.
케이크와 와플, 컵케이크를 준비했답니다.

블루베리 엘이에요.
보랏빛 팬케이크에는 라즈베리와 블루베리,
그리고 생크림을 토핑했어요.
스프링클과 링 과자 토핑으로
알록달록하게 데코해요!
레인보우 케이크와 다채로운 색감의 크레페를
한 입 먹어볼까요?

'민초파' 루시가 디저트를 들고 왔어요!

민트초코 크림이 올라간 컵케이크,

커다란 와플콘에 치즈케이크와

초콜릿을 올린 아이스크림,

초콜릿과 아이스크림을 층층이 쌓아올린 파르페까지

눈이 즐거워지는 시간이에요!

필링을 가득 넣은 마카롱과
체리를 올린 파르페가 사랑스러워요.
분홍색 크림과 장미 데코로 가득한
크림 로즈예요!

엘의 머리색과 꼭 닮은 바나나 디저트예요!

무지갯빛 스프링클로 색감을 살려 데코한

바나나 컵케이크와

마카롱, 크레페를 준비했어요.

커다란 분홍 리본을 단 루시가 왔어요!

후르츠산도와 딸기 케이크, 딸기 소다를 준비했어요!

하얀 꽃과 빨갛고 작은 딸기의 조합이

아기자기하고 사랑스러운 느낌을 준답니다.

빨간 리본으로 꾸민 엘과 토끼 친구들이에요!
꽃무늬 티포트와 찻잔, 티스푼이 귀여워요!
초록 리본과 하얀 꽃장식이 정말 잘 어울리지 않나요?

사랑스러운 도트 리본으로 꾸민 피치 로즈예요!

파르페, 빙수, 파이, 롤케이크까지

피치빛 몽글몽글한 감성의 디저트로 가득하답니다!

이번에는 레몬 리사예요!

레몬 셔벗, 레몬 머랭 파이, 레몬 마들렌…

상큼한 레몬 디저트 덕분에 눈도 즐거워져요.

엘과 요정 친구들이 사랑하는 패턴을

가득 담았어요.

리본과 하트, 별 모양으로

다양하게 데코해봐요!

엘과 요정 친구들이 사랑하는 과일을 모아봤어요.

스위츠 테마뿐만 아니라 어디에나 잘 어울리는

싱그러운 과일들을 가득 담았답니다.

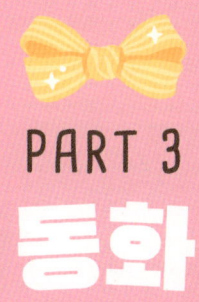

PART 3
동화

예쁘게 장식한 긴 머리를 곱게 묶은
꽃의 요정들을 만나요!
달빛을 받아 반짝반짝 빛나는 은방울꽃 마을,
하얀 꽃잔디, 눈 쌓인 크리스마스 마을…

피터팬과 친구들은 함께 밤하늘을 날고
보물을 찾아 모험을 떠나요.
다양하게 구성된 배경, 인물 소품 파츠들로
동화 속 한 장면을 꾸며볼게요!

라푼젤이 된 엘!
하늘에는 반짝이는 구름이 흘러가고
푸른 잔디 위에는 연둣빛 풀과
여러 들꽃들이 오밀조밀 피어 있어요.
길게 땋은 엘의 머리를 밧줄 삼아
성으로 올라가는 건 과연 누구일까요?

달빛을 받아 반짝반짝 빛나는
은방울꽃 마을에는 라푼젤 리사가 살고 있어요.
하얀 은방울꽃과 푸른 밤이 조화로워요.
호수에 비친 은방울꽃이 아름다운 밤이에요.

라푼젤 루시가 살고 있는
하얀 꽃 잔디가 아름다운 마을로 오세요!
붉은 지붕의 성과 귀여운 동물 친구들이 함께하는
다정한 마을이랍니다.

눈 쌓인 크리스마스 마을에는

라푼젤 로즈가 살고 있답니다.

반짝이는 전구, 크리스마스 리스와 트리…

올해는 어떤 선물을 받게 될까요?

눈 내리는 밤하늘 위로 루돌프가 썰매를 이끌며 날아요.

얼음 요정 엘이 사는 마을은

투명한 얼음빛이에요.

육각형의 얼음 결정과 눈꽃 컨페티,

새하얀 꽃과 얼음빛 성이 정말 아름다워요!

어느 달 밝은 밤, 웬디는
피터팬의 찢어진 그림자를 꿰매주었어요.
피터팬은 답례로 웬디를 네버랜드에 데려가기로 했답니다.
드디어 모험이 시작되려나 봐요!

높이 솟은 시계탑이 멋진 웬디의 마을이에요.
어둠으로 뒤덮인 마을의 밤은 불빛으로 반짝이고,
피터팬과 친구들은 커다란 달과
몽글몽글한 밤 구름 사이를 날아요.
친구들과 함께 모험을 떠나요!

피터팬과 친구들의 보물을 찾는 모험이 시작되었어요!

긴 항해 끝에 도착한 섬에는

타이거 릴리와 친구들이 살고 있었어요.

아름다운 섬의 풍경과 예쁜 보석들을 구경해요.

작가의 말

안녕하세요, 쪼람쥐입니다.
좋은 기회로 책을 출간하게 되었습니다.
엘과 요정 친구들의 다양한 매력을
한 권에 담아보았습니다.
열심히 준비한 스티커북이
부디 마음에 드셨으면 좋겠습니다.

항상 감사드립니다!

쪼람쥐 드림